시럽과 각설탕 사이

장서영 시집

시인동네 시인선 242

장서영 시집

시럽과 각설탕 사이

시인동네

시인의 말

오리나무 숲에서부터 강물까지 뻗어갔을 몽환들
내가 소환하는 사물들
사물들이 소환하는 나들
시를 채우기 위해 시를 버린 것들

하루에도 수없이 초기화했던 것들

불안한 나와 헤어지기 위해
끝없는 동어반복과 허밍들
시집으로 들어가
혼자 중얼거린 것들

부끄럽고 불온해서 남몰래 끌어안은 것들

2024년 10월
장서영

차례

시인의 말

제1부

열여덟 살의 질문 · 13

토마토 · 14

하귤의 힘 · 16

마늘종이 올라오면 · 18

수목장 · 20

화목원 네펜데스 · 22

브로콜리 · 24

안녕, 젤리 · 26

함박눈의 시그널 · 28

손바닥선인장 · 30

녹즙기 on, 당신 off · 32

허밍에 대한 안부 · 34

봄밤 · 36

유채는 눈부시고 노랑은 깊어져요 · 38

제2부

체리의 체리 · 41

관찰자의 기분 · 42

작은 영토 · 44

여자만 아는 날씨 · 46

말미암아 · 48

민화가 있는 골목 · 50

튜브의 아침 · 52

섬진강 · 53

파라솔 · 54

한밤의 롤러코스트 · 56

모슬포 플랫폼 · 58

음력 4월 26일 · 60

자물통 · 62

제3부

홍반 · 65

협착의 헤게모니 · 66

명함의 공식 · 68

제비나비에 대한 탐구 · 70

수다론 · 72

실적 그래프 · 74

메르에르 증후군 · 76

핀셋의 프레임 · 78

소행성 · 79

화이트칼라와 블루칼라 사이 · 80

포도송이의 방식 · 82

브레멘 음악대는 브레멘에 도착하지 않았다 · 84

옮겨심기 · 86

시럽과 각설탕 사이 · 88

제4부

직박구리를 사랑하여 · 91

이를테면 고양이 · 92

공중에서 줄넘기 · 94

사이프러스 · 96

두부 · 98

옥잠화 · 100

꽝꽝나무의 오후 · 101

커블 체어 · 102

알고리즘 · 104

메이저 16번 타워카드 · 106

별이 빛나는 밤 앞에서 · 108

접경, 그리고 벙커 · 110

물조리개 · 112

해설 분열자의 고독한 내면 · 113
      신상조(문학평론가)

제1부

열여덟 살의 질문

나사말을 아니?

열여덟 살의 봄, 친구가 능청스레 물었습니다. 물속에서 흐물거리는 춤이었습니다. 스스로 물 위까지 뻗어가서 흐름이 된 풀, 넌 나사말을 닮았어. 침묵이 흘렀습니다. 가슴 밑바닥에 뭉근하게 늦은 생각이 한소끔 뿌리를 내렸습니다. 문득 가늘고 긴 나선형으로 꼬여 있는 느낌, 나는 왜 누군가를 향해 자꾸 흔들리고 있었을까요.

지금도 물가에 앉으면 그 말이 생각납니다. 끝없이 여유롭게 흐느적거리며 물과 자연스럽게 살 부비는 관능, 그 자세를 다 풀어놓고 얘기하고 싶어도 다가가지 못한 나, 반대로 끝까지 밀고 올라가 꽃을 피우던 나사말. 누군가를 향해 방추형의 씨앗까지 품고 있었는데도 나의 생각은 끝내 거기에 닿지 않았습니다. 만약 한없이 뻗어갔다면 우리라는 꽃을 피울 수 있었을까요.

토마토

언니는 세모가 아니에요
네모는 더더욱 아니고요
언니는 그저 붉었을 뿐이에요

세모와 네모와 어울려도 괜찮았을 빨강

토마토를 따고 있어요 시간이 함께 붉어졌어요
붉은빛과 홍얼거림이 바구니에 가득 찰 때
머리 위를 빙빙 맴도는 솔개에게 말도 걸었어요

구름과 연애를 하는 언니가 가끔 보였고요

구름 저편에 뭐가 있는 줄 아니?
자꾸 구름의 감정이 몰려와
가만가만 붉은 토마토를 만질 때
뭉클한 언니
완숙한 언니

도르르 굴러가는 언니의 오후

언니는 언제부터 이 세상에 없는 토마토를 길렀을까요
언제부터 환부가 생겼을까요
까망도 이해하고
하양도 사랑했던 언니

넝쿨 뒤에 숨은 작은 열매처럼
아직도 붉은 구름 속에 숨어 있어요
도르르 놓쳐버린 언니의 시간들

헝클어진 감정이 모여 이야기가 맺히듯
방울방울 토마토 안쪽 여린 숨소리가
언니의 일기장에 주렁주렁 매달려 있었어요

하귤의 힘

저 하귤은 언제부터 폭염 속에 매달려 있었을까?
그녀도 그랬다 익을 대로 익은 생각을 품고 태양 아래서 바다를 뚫어지게 바라보며 우두커니가 되어 있었다

하귤(夏橘)의 두꺼운 껍질처럼 그녀의 표정은 몇 번이고 단단해졌고 집요한 태풍에도 꺾이지 않던 어떤 생각이 가끔 굴러떨어지기도 했는데 그녀는 그것만은 닮으려 하지 않았다

기시감과 미시감 사이 그녀가 있고 너울성 파도가 있고 그것들의 부동자세가 있다

그녀가 견디는 가지의 하중은 얼마나 될까?

비명을 지를 만큼 바람에 휘둘리면서도 견디는 힘
아찔함과 어지럼증을 다독이며 스스로를 소진하고 있다

태풍이거나 폭풍이거나 집채만 한 파도를 모두 건너면 노랑과 만날 수 있을까?

초록의 세계에서 노랑은 단연 만나야만 할 사람이 던져놓은 단 하나의 부표다

마늘종이 올라오면

마늘밭에는 고뇌하는 당신의 안간힘이 보입니다
마늘종이 불현듯 올라오면 구릉지대는 매운 다발을 품고
청명과 곡우를 맞이합니다
한동안 구겨진 시선을 당깁니다
줄기마다 당신의 비애가 숨 쉬고 있어 능선을 넘어온 바람이 아주 조금만 흔들어도 목울대가 젖습니다

안개가 자주 출몰합니다 안개가 없는 날에도 나는 안개를 만납니다
안개는 외부에 있지 않고 내부에 있어서 당신은 언제나 안개 속 실체입니다 마늘종이 물음표로 휘어지는 태도를 보이는 것도 전부 당신이 그려지는 안개 때문입니다

하소연으로 덮을 수 없는 무거운 일들이 뿌옇게 장막을 칩니다 그 속에서 어디를 가든 4월은 위험한 생각뿐, 다짐을 견디는 데는 난세의 위로가 필요합니다

목소리가 자꾸 들려옵니다 안개 속을 헤쳐 나오지 못하고

밭담과 해안로를 배회합니다

    그럴 때는 고추장에 마늘종을 찍어 먹는 일이 체증을 쓸어내리는 의식입니다

    뿌리는 뿌리끼리, 마늘종은 마늘종끼리 싸한 안부가 되도록 같은 태도로 서서 우두커니를 탕진합니다

    풀어지거나 풀어지지 못한 뒷모습, 돌려세울 수 있을까요
    4월은 내내 안개주의보 속입니다

수목장

귀를 가져가 보면 물 흐르는 소리 자작자작한 수목원
화살나무, 오리나무, 자작나무…… 따라가 보면
어느새 나는 나무의 슬하
나무를 껴안는다
허락을 구하고 나무속으로 들어간다
비좁지 않다
층간소음도 담배 냄새도 없다
살림살이는 단 하나, 나무속에 내 이야기를 부려 놓는다
새집이지만 새집증후군은 없다
이제 월요일마다 표정을 만들려고 애쓰지 않아도 되고
일요일엔 쓸쓸해지지 않아도 된다
사색 없는 사색이 이어진다 무한히 내가 넓어진다
바람 소리와 새소리와 잎이 부딪는 소리가 리듬을 떨군다
북적이던 세상에 매 순간 예민해졌던 조바심을 버리고
지독하게 불안하거나 고독했던 나는
이제 다정도, 통증도 없이
나 혼자 지워지고 무언가로 피어나길 기다린다
희미해지거나 흩어지는 기억들이 밀려나고

가까워진 것들이 신생의 얼굴을 내민다

　그래도 가끔 내가 죽은 날이 되면
　나를 호명하는 사람이 남아 있을 때까지 그리움의 방향을 도시 쪽으로 뻗는다

화목원 네펜데스

　이곳에서 겉과 속을 구분하는 건 피상적이지 선 자리에서 내내 꽃이 피거나 지거나 일관된 표정이 필요했지 나를 비우거나 모란 움을 다시 키우는 일은 묵은 감정의 소관, 오로지 그림자를 확장하고 축소하는 데 몰두했지

　소나기가 다녀간 뒤 잡초와 잡초 아닌 것의 차이를
　통꽃이나 갈래꽃이 지닌 꽃말을
　사람들은 궁금해하곤 했지
　꽃대궁이 도도한 이유까지 그냥 뿌리에게 듣고 싶었지

　넝쿨이 술렁거리며 어디로 뻗어가는지 촉을 세울 필요는 없었지
　꽃이 지는 소리에 한숨이 겹으로 쌓여가는 이유를 물을 수도 없었지
　이쪽에서 피었던 꽃이 저쪽에서는 후드득 시들 수도 있는 거야

　어둠 속에서 내가 나 아닌 무언가로 변하지 않고 몰두해 주

길 바라고 있어
   꽃이 꽃으로 보일 수 있게 하는 일
   가끔은 풀벌레 소리에 우주가 뒤척거리기도 하는데 왜 나만 설레는 걸까?

브로콜리

수없이 뭉쳐진 페이지
부케를 닮은 초록 눈을 너는 꽃눈이라 말했지만
내겐 하나의 책으로 보였지

미혹의 시선으로 부풀어 올랐던
여행지에서 만난 작은 층계들처럼
겹겹이 말을 걸어오고 있었지

잎눈 피운 작은 가지들이 나열된 목록
날치알처럼, 연어알처럼 톡톡 튀는 문장들
문체가 너무나 싱싱했지

바뀌지 않는 초록의 첫 페이지를 넘기면
축배를 들고 싶은 주인공이 나오지
내용이 겹쳐져도
꽃눈의 순간을 반복하고 있는 중첩도
아련을 내포한 플롯이지

읽어내지 못한 꽃이라며 집착했지
위기에도 꽃을 피우려고 구부러지는 배경

행간이 노란 꽃이 될 때까지 절정을 발설하지 않았고
불현듯 누군가의 앞에 서고 싶은 마음
촘촘히 달고 있는 메시지
거부할 수 없는 청혼을
나는 반복해서 자꾸 들여다보았지

안녕, 젤리

  젤리를 먹어요 말랑말랑 손가락으로 눌러봐요 입에 넣으면 금세 사라져요 달콤함이 거짓말 같아 또 먹게 되죠 복숭아향 포도향 오렌지향, 향 향 향

  어떤 감각이 자꾸 젤리를 불러올까요 냉장고에도 있고 책상에도 있고 공중에도 있어요 과자나 사탕의 연대를 묻지 않듯 말랑한 젤리와 푹신한 마시멜로를 비교하지 않아요 젤리 속에 들어 있는 쫀득쫀득한 속삭임이 자꾸 나를 끌어당겨요

  수십 년 전부터 내 몸속에 쌓인 젤리의 근육, 젤리의 세포
  혈관 벽마다 젤리가 붙어 꿈틀거리고 젤리의 동굴을 이루었을 거예요 젤리 기둥, 젤리 석순도 생겨나겠죠 흐느낌이 고였다가 쓸쓸함이 곤죽을 이루다가 우리의 착각처럼 뭉쳤다 풀어지며 녹고 있을 테죠

  젤리가 웃고 있어요 볼우물처럼 고인 할머니가 내 몸속에서 웃고 있어요 나에게 최초의 젤리를 입에 물려준 할머니, 말랑한 볼살과 말랑 젖가슴과 말랑말랑한 생각까지 다 내어주고

홀쭉해졌어요 불안하거나 폭발하거나 틀어지는 기억까지 젤리로 만들었을까요, 딱딱한 알약처럼 다소곳이 앉아 있어요

   곰돌이 모양 젤리를 할머니 손에 쥐어 드렸죠 빤히 올려다보아요 오래된 슬픔까지 송두리째 응고시킨 젤리와 인사를 해요 안녕, 젤리! 그런데 넌 누구니?

함박눈의 시그널

어떤 과잉이 춤을 춘다
덮어버릴 듯 쏟아지는 폭설처럼
저 호들갑스런 자세들

쏟아진다와 덮어버린다는 비슷한 목적을 갖고 있다
나뭇가지에 엄살이 하얗게 얼어붙어
어찌 보면 농밀하고
어찌 보면 폐쇄적인 유대감

외투를 입고
기울어진 날씨가 의상이 되어
밖으로 나오라고 외친다

밀폐와 은폐를 반복하는 일상 속으로
궂은 눈이 너무 많이 내렸지만
나는 가만히 파묻히기로 한다
한꺼번에 쏟아진 눈을 맞으면 무덤 같다
밖으로 나와도 여전히 위리안치가 된다

눈이 녹기 시작하면 온갖 질문이 흘러내릴 거다
녹아내리는 것들은 그 어떤 상징도 아니니
하얗게 엉겨 붙던 외로움쯤으로 해석하면 그만이다
나는 또다시 1인칭 시점으로 젖어 들었다
눈길 위에 눈길 조금씩 내려놓으며
아무도 몰래 외출을 잠근다

손바닥선인장

가시에 다가가는 것
그것은 당신과 가까워지려는 일
집게손가락으로 조심스럽게 만져보려는 것
까칠함 이전의 모습을 알기에 기꺼이 애착이 되려는 일

문을 꼭꼭 닫고
다수 속에서 일부가 되는 일
하나의 태도만을 갖는 당신을 알기에 당신이 열릴 때까지 기다리는 일

꽃을 활짝 피워내려고 파도 소리를 담아내고
온몸을 아침 햇살에 내밀 때

자신을 걸어 잠그고 결핍을 끌어안고 사는
그 모습이 안쓰러워 보일 때

기꺼이 손가락을 내미는 일

가까워질 수 없어 끊임없이 서성이는 것

가시를 뽑지 않으면 통증이 계속되고
가시가 박힌 자리는 노랗게 곪아가더라도
내가 나를 멈출 수 없는 일

가까워진다는 것은 찔린 가시를 뽑지 않고 바라보는 일
단순히 가시가 아니라는 걸 습득해 가는 일
가시에 찔리더라도 당신과 내가 서로를 감당하는 일

녹즙기 on, 당신 off*

초록의 녹즙을 매일 마셨지
갈아도 갈아도 착즙은 변함없었지
신혼살림 틈새 자리마다
케일, 토마토를 갈고 바나나, 샐러리도 갈고
가끔 일상도 갈아 넣어 싱싱한 관계를 도모했지

드르륵드르륵 멀쩡한 어제도 갈고
불안한 오늘도 갈고
당신과 나의 혼돈을 섞어주며
거칠었던 것들을
부드럽게
부드럽게

초록은 우리의 상징이었지
새로운 녹즙이 쏟아져 나오고
녹즙이 녹즙을 삼켰지
주방에 넘실거리던 풋냄새들
더 맛난, 덜 파괴되는 주스를 만들고 싶었지

그런데 지금은 케일만 넣고 시럽은 넣지 않았지
천천히 쓴맛을 삼키며 기도하듯 마셨지

당신은 없고
당신이 쓰던 컵만 남아 입을 벌리고 있어서
병들고 혼자 남겨진 나를 위해
허무만 왈칵왈칵 쏟아져 나왔지
나는 매일 초록을 마셔도 초록으로 물들 수 없었지

* 김혜순 시인의 「엄마 on, 엄마 off」 참고.

허밍에 대한 안부

굳은 표정에 악보 하나 더 붙여야 했을까
보려고 해도 보이지 않고
이어폰을 꽂아도 들리지 않는

나는 미루어져 증폭된 화음
또는 각색된 감정

우린 나눌 수 있는 리듬으로부터 멀어졌다
눈웃음을 주고받던 온기가 기억나지 않는다
어우러지지 못하는 템포 속에
지금의 이 악보는 현재형일까, 과거형일까

오선지 속에선 차갑고 밖에선 불타고 있다
내가 끼어들 때마다 불협화음

음정은 불안정했고 불안은 또 다른 불안을 데리고 왔다
불안을 떨치려고 자주 흥얼거렸다

나는 매번 한 박자 뒤에 들어가거나
너무 빨리 의미에 갇혔던 건 아닐까?

흥얼거림 같은 허밍
딱 그만큼만 리듬으로 떠돌았을까

내 모습이 찬찬히 보이기 시작한다
나는 늘 후렴구로 붙어 있었다

봄밤
— 몰레(mole) 소스를 만들었지

멕시코 요리를 먹으며 이별하기 좋은 밤이야

매운 향신 고추를 썰었지 건포도를 구워 물에 불렸어 다음엔 씨앗이 등장할 차례, 아몬드 계피 고수 씨를 구워 돌절구에 빻았어 달군 기름에 당신 뒷모습, 어제를 볶듯이 졸였지 침샘을 자극하는 향이 번져도 서두르지 않았지

다크초콜릿을 넣고
재료를 넣을 때마다 당신 얼굴에 매운 연기가 피어올랐지
어떤 상상이 접시 위에 펼쳐져도
푸성귀 뒤에 붙어 있는 벌레 알을 떼듯 털어버리면 그만이었어

겹겹이 포개진 불맛
달달하고 쌉쌀한 풍미

이젠 나만을 위한 소스를 만들 거야
시뻘겋게 불을 붙여 여운을 태우듯 알코올을 넣고 불을 붙였지

나를 감싼 채 떠도는 새로운 풍미와 감칠맛

당신 없는 식탁에 차려놓을 감정들

오래오래 씹어도 기억은 소환되지 않았고
당신과 만났던 최초의 맛이 울컥
몇 번의 봄이 지나야 물렁하게 후숙될까

유채는 눈부시고 노랑은 깊어져요

먼저라는 말이 노랑일 것만 같아

소란의 조짐을 보이는 일기예보에도
가끔씩 찾아오는 난기류에도 아랑곳없이
찰나가 되는 봄날
노랑이 노랑을 불러오고
아프고 흔들린 만큼 사부작사부작 향까지 덧붙여요

내 안에 나비 한 마리 꿈틀거려요
겁에 질린 모습으로 보일 수도 있지만
애착과 악착이 엉켜
노랑의 근처에 앉아 있어요

무더기무더기 어우러져 애절한 얼굴 불러오고
유채밭 앞에서 어색한 포즈를 취했던 사람들
청명 즈음의 기억 속을 빠져나오고
나는 지금 알싸하게 몸살을 앓아요

제2부

체리의 체리

 누군가의 '오~' 발음이 떠오른다 부릅뜨고 있는 저 붉은 표정, 점점 시들어가는 나의 감정과 대비되는 완전체를 끌어안고 있다

 우두망찰이나 쭈빗쭈빗은 없다
 너의 긍정, 너의 달콤함을 입에 넣고 낮에 나눈 대화를 깨문다 너를 알기 전과 너를 알고 난 후로 나뉜다

 갖고 싶었던 계절 속으로 버찌가 떨어지고 앵두가 지나가고 물렁했던 사랑마저 떨어지고 체리라는 이름을 가진 사람은 체리를 가질 수 없고 체리는 그 시절을 위한 은유로 남아 있다

 덜 익은 관계가 씨앗으로 남는다 까칠한 꼬투리, 단단한 씨앗 속 너를 생각하면 하얀 알갱이가 반전의 반전을 품는다

관찰자의 기분

호수는 비공개적인 깊이를 갖고 있지
무언가 담고 싶어, 숨기고 싶어서
팔랑거리는 이파리와 빛줄기를 끌어모으지
당신이 당신을 기다리고 있는 것처럼

호수는 제 속내가 너무 넓어서
포괄적인 둘레와 입장을 선호하지

비 오는 날의 호숫가는 서성이는 발걸음이 범람했지
가르륵거리는 웃음소리와 아장거리는 발자국이 전지적 작가 시점으로 다가오고
대나무숲과 미술관 근처, 수양벚나무 아래도
쓰다듬고 싶은 태도가 자랐지
회복하고 싶은 감성과 함께

출렁거리지 않는 캄캄한 물의 안쪽
겉은 그저 암시일 뿐이라는 듯
거울처럼 다가온 풍경과 사물들을 보여주기만 했지

나는 호수를 아는 척하지만
　둘레와 수심을 반도 모르고 수심(愁心)만을 들켰지
　당신은 또 다른 관찰자가 되어 물속으로 들어가는 당신을 상상하지

　호수는 슬픔에 대한 비공개적인 목록을 갖고 있었지

작은 영토
— 꽃과 집착과 어머니

작약꽃 아래 바닥을 차지한 여리여리한 채송화 줄기들
풍성한 것에는 스며든 것이 많았지
마당은 척박하지도 비옥하지도 않았지만
소문이 날 만큼 꽃그늘이 좋았지
오지랖 넓은 향기가 배어 있었고
릴레이 봉송을 하듯 꽃, 꽃들이 피어나곤 했지

어머니는 매일 뜨물을 나누어 주었고
줄기를 북돋았고 기다리기만 했지
화단 주변을 맴도는 강아지
곁에서 훌쩍 커버린 대추나무
화초 사이에서 땅을 파헤치는 대여섯 마리의 하얀 오리들
꽃의 무대에 초대된 관객들

함부로 웃고 돌아설 수 없는 화단 앞에
쪼그린 어머니의 뒷모습
무대를 연출하는 감독처럼 보였지
간드러진 것도 없고 위태로울 것도 없는데 늘 진지한 자세

편견을 마시지 않고 억측을 내밀지 않은 줄기들이 무성해
졌지

 화단의 감성이거나 뱉어낸 신음이거나
 꽃들은 서로를 의지하며 바라보며 웃었지
 홀로 남겨진 어머니가 화단에 빼곡하게 살고 있었지

여자만 아는 날씨

여자만 아는 날씨가 있어요
맑은 날에 보슬비가 내리고
흐린 날에도 심장이 쩍쩍 갈라지는 태양이 떠요
얼굴은 열대야, 가슴속엔 우기
그래도 아무렇지 않은 척해야 해요

수다를 끌고 오는 여자와 신경질을 파먹는 여자가
만나면 대책이 없어요
고기압과 저기압이 만나 태풍은 점점 커지죠
감당할 지상의 방식을 찾지 못했어요

예보는 불필요해요,
선입견도, 이해하는 척도 절대 사양이죠

국지성이 잦아질 거예요
먹구름 속에서 마냥 밤을 뒤척였어요
불면증까지 동반한다면 하나의 파국만 남게 되겠죠

태풍 속에 우산을 들고 걸어가나요, 당신
무작정 회오리가 몰려올 것 같아요
바람이 레인코트 안쪽을 기웃거리는 소리 들어보았나요?
그럴 때 방심하면
여자만 아는 날씨가 당신을 삼킬 거예요

말미암아

말미암아 나는 웃을 수 있어요

말미암아 풀꽃을 들여다볼 수 있어요

말미암아 당신에게 다정할 수 있어요

말미암아 거리를 두고 거리를 버렸어요

말미암아 이별을 끌어안을 수 있어요

말미암아 긍정으로 긍정을 누를 수 있어요

말미암아 층층나무 아래 기댈 수 있어요

말미암아 조팝꽃을 자랑할 수 있어요

말미암아 풍문을 모르고 풍문을 좋아할 수 있어요

말미암아 모두를 사랑할 수 있게 되었어요

말미암아 내 안의 1인칭을 지우고 무인칭이 되면서 생겨난 황홀한 일이에요

민화가 있는 골목

언니가 살던 골목에 고백할게
끝이 보이지 않는 골목,
비에 젖은 진박새 한 마리를 사랑하고
빨간 열매가 겨울 구석까지 밝히고 있는 걸 알려줄게

언니의 윤곽을 드러내지 못한 시간들
속울음도 들키지 않고
스펀지가 되고 스프링이 되고
그곳을 벗어날 수 없는 사다리가 되었던 상상까지 찾아볼게

부리를 갈고 있는 깃털이나
생채기가 있는 손으로 벗겨놓은 도라지는 없어도 돼
나에게 보호색이 되어주던 언니만 있다면

피라미드 같은 종점을 바라보며
언니의 몸 안에서 가끔 부풀어지던 날개
골목을 돌아도 골목이겠지만
그 너머엔 온전히 넓어지려는 바다가 있었지

오늘 언니가 기다리던 골목에 고백할게
벽돌담에 기대 환하게 웃던 스무 살 적 언니의 골목
처음으로 작약꽃 울 밖을 알았던 상성리 446번지
민화처럼 서 있는 언니의 골목에 고백할게

튜브의 아침

 어쩜 난 엄마보다 치약을 더 사랑하나 봐. 중간을 눌러도 뚜껑을 닫지 않아도 소리 지르지 않아서 좋아. 큼큼 따지지 않아서 좋아. 허브향도 있고 민트향도 있고 구름을 닮은 거품도 있으니 생각까지 개운해진 기분이야. 치약보다 엄마를 좋아하는 사람도 있겠지. 하루 세 번 만나는 치약보다 한 달에 세 번도 못 보는 엄마를 좋아하는 사람은 나하고 정반대의 농도를 가진 사람일 거야. 엄마는 늘 '그래야지'와 '잘해야지'를 섞은 가사만 되뇌고 있었어. 엄마를 닮지 않았다고 하던 날 피가 나올 때까지 양치를 한 적도 있었어. 그런 아침엔 치석처럼 끼어 있는 단단한 오기를 끝내 긁어버리고 싶었지만, 내 몸 어딘가에 나를 틀어막고 있는 튜브를 죄다 뽑아버리고 싶었지만, 삼 분 만에 뽀도독 소리가 나게 하는 치약의 매혹. 뒤끝도 질척임도 없어서 분명 엄마를 뛰어넘은 미래가 올 것만 같았지. 엄마를 지웠다 다시 그리곤 했어. 난 치약보다 엄마를 애처롭게 여기는 게 분명해. 양치하고 돌아서면 몰래 흘리는 눈물, 향기까지 고이는데 왜 나는 엄마도 치약도 온전히 사랑하지 못하는 걸까.

섬진강

 다슬기국 파는 선술집의 삽화가 있고 나는 평화롭게 흐르는 복선을 좋아해요 은행나무와 까치집은 서로 얽힌 사연이 많아 감상문을 따로 준비하려고 해요 황산대첩 갑옷의 서사가 있고 창과 방패가 떠오르고 등장인물은 주위에 경고를 한 적도 있어요 누락된 기억 한 가닥을 찾지 못하고 바짓가랑이를 접어요 더 이상 책장을 넘기지 못하고 나는 파란 하늘만 꺼내보고 있어요 다시 좁아졌다 풀어지는 대목에 누군가는 밑줄을 긋기도 해요 나는 이 유쾌한 이야기의 결말에 이르러 그저 울고 웃던 몇 장면을 기억하고 있어요 새털구름과 황금빛 노을이 퍼지는 산골 배경을 무척 사랑해요 통통배 드나드는 마을까지 전개되는 내용, 너무 두꺼운 위인전을 읽으려 하니 낯선 고유명사들이 수두룩하네요 이 책장의 갈피에 어스름달이 스며들고 있어요 갑옷을 입은 누군가가 갑자기 내 감정에 이입되고 있어요

파라솔

난간을 하나씩 품고
여자와 남자가 마주 보고 있어요
사방으로 열려 있으나 닫혀 있는 것들
간혹 펼침과 접힘으로 대립하기도 했고
기상 이변에 기울어지기도 했지만
또다시 욕망을 부추기는 것들

자칫 한발 헛디디면……

서로를 향해 접혀 있던 것들이 충돌하고
낮의 해변과 밤의 해변이 다른 얼굴로 걷고 있는 시간
그늘만큼 의문들이 짙어져요

남자는 일어서고 여자는 일어서지 않았죠
남자는 내려다보고 여자는 위만 보았어요
남자는 오늘에 서 있고 여자는 내일을 그렸죠
그늘과 그늘이 희석될 때
태양은 비웃음을 품고 있었을까요

얼마나 많은 모래 알갱이들이 으깨어졌을까요

파라솔! 젖어 들게 발음해 보면 난간이 하나 더 늘어나고
여름은 전부 뽑히고 말았어요

서로 바라보거나 바라보지 않거나
유실물처럼 놓여 있는 한낮의 테이블
찌그러진 맥주병과 눅눅한 새우깡이 뒹굴고
플라스틱 의자엔 엉덩이 대신 바람만 앉았다 가네요

한밤의 롤러코스트

공중에서 트랙을 돌았던 거야 거대한 코끼리 코에 휘감겨 회전하듯 현기증이 일었어 두려움이 고압적으로 다가왔지

소리조차 낼 수 없는 급경사에서 당신과의 갈등은 증폭했고 예측 불가능한 속도, 난이도 높은 코스를 돌아야 했지

안전벨트에 대한 신뢰가 무너지는 순간
뒤틀리는 각도

어쩌나! 누르고 싶은 알고리즘 버튼은 아직도 못 찾은 거지
심장이 살아 있나? 손 들어봐!

고공에서 의연하게 트랙을 만드는 것, 어쩌면 허공에 장미를 심고 화신을 찾고 있었는지도 몰라 공회전을 멈추지 않는 당신과 나의 롤러코스터

그동안 내 안의 어떤 사랑이 나를 지탱하고 있었을까
원심력에서 멀어질 거라는 예측과 억측

다시 나를 구부리고 밀착하면 새들의 울음소리가 감미롭게 들려올까 트랙을 함께 달릴 수 있는 거리 어느 환절기에서 자세를 바꾸어야 할까

서로의 비명을 껴안고 페달을 밟을 수 있다는 것
회전 벨트에 무작정 의지해야 하는 것

간격을 좁힐수록 가팔라진 속도는 나를 삼키겠지
언젠가 들여다본 영상 속 우주처럼 어쩌면 우린 광속으로 운행하는 별들 중의 하나인지도 몰라

모슬포 플랫폼

아버지의 뿔소라는 모슬포에 있어요 이오니아풍의 해안에 살면서 현무암 아래 혹은 시퍼런 파도 속에서 자라고 있어요

온몸에 나 있는 자잘한 뿔, 세찬 파도와 돌멩이에 부딪힌 껍데기, 해초 나부랭이가 걸쳐져 있어도 아버지는 꼭 뿔소라 안주에 소주를 마셨어요 쫄깃쫄깃한 속내를 우적우적 씹어 먹으며 자신의 뿔을 잠재웠어요

그렇게 아버지는 껍데기라는 독방에 자신을 감춘 채 저녁 속으로 되돌아오곤 했어요 노동자라는 이름이 얼마나 힘든 건지 어린 나만 몰랐어요 차마 헤엄쳐 떠날 수도 없으니 껍데기가 거추장스러웠을 거예요

신음으로 다가온 시간 변덕스러운 날씨에 모슬포 플랫폼이 내 안으로 들어왔어요 아버지는 껍데기도 속살도 전부 버리고 다른 공간으로 떠났어요

나도 아버지처럼 우적우적 소라 살을 씹어요

들키지 않게 삼켜지던 아버지의 속울음, 빨판이 되어 아버지의 심장에 들러붙었을까요 저 붉은 바다에 고백하고 싶었을까요 취한 눈으로 건너다보며 하나씩 꺼내보고 있어요 수평선 쪽으로 기어가던 아비 뿔소라의 지친 뒷모습이 보이는 듯했어요

음력 4월 26일

 울컥울컥 노랑을 풀어놓는 금계국
 숲으로 가는 길은 난간과 나무 그늘이 누워 있어요
 그늘이 깊은 것은 그림자도 없다는 것일까요
 나는 꿈속에서도 자주 좁은 길을 걸었어요
 사람은 없고 목청 높은 새소리, 물소리가 들려왔어요

 아버지, 막걸리를 사야 하는데 지나쳤어요 전통주를 빚던 어머니는 자신을 추스르기도 버거워졌어요 아버지를 부르면 유난히 초록 물결이 살아나요 논둑길에서부터 골짜기까지 들꽃 향기 떠도는 기억의 뒷굽, 아버지의 그림자를 밟으며 걸었어요

 가묘와 가묘 사이,
 하얀 민들레가 피어나고 터트리지 못한 홀씨
 고사리밭에 무한으로 뻗어 나가는 뿌리와 줄기들
 한쪽에선 두릅나무가 무성해요
 너무 피어서 먹지 못할 잎사귀
 만지면 수두룩 가시에 찔려버릴 것 같은 오후

끝나지 않은 어느 폭염의 오후를 해석해 보아요
거기 내가 만져보지 못한 아버지의 얼굴
그 더운 날 오후를 어떻게 견딜 수 있었을까요
녹아내리는 오래전 기억을 들여다보아요
아버지, 두릅 순을 먹는 봄이면
하얀 가시를 하나하나 만져보아요
아버지 손에 박인 가시락처럼 굳은살처럼

자물통

대답 좀 해보세요!

나는 아버지를 흔들어 봅니다 통로마다 어둠이 있고 아버지는 묵언으로 삽니다 꽉 잠긴 아버지는 늘 한군데만 지키고 서 있습니다 답답합니다 그것은 소음에 진저리치며 두통을 앓기도 합니다 가족력은 아닙니다 비밀에도 층계가 있습니다 가족 사이 층계가 많아질수록 아버지는 점점 완고해집니다 그러다 스스로 층계에 갇혀 비밀번호를 잃어버린 아버지, 아직도 번호를 찾지 못했습니다 황폐해진 대문을 열어 가끔 갇힌 고양이를 풀어주곤 합니다 아버지의 궁전에는 비밀이 녹슬어 갑니다 녹슨 열쇠도 보이지 않습니다

여전히 대답이 없습니다

제3부

홍반

사춘기 여드름이 내 얼굴에 핀 것 같아
자꾸만 손이 간다

아직 햇빛에 여과되지 못한 붉은 돌기들, 마른 가지로 뻗은 혈관 사이에서 붉어진

찬바람에 얼었던 하소연 같은 염증들
햇살이 조금씩 가까워지고 이제 통증을 두려워하지 않을 수도 있겠다

통증은 다른 통증을 마비시킨다

중심이 조금씩 헐거워지고 붉은 살이 오른다
안으로 깊이 침투하는 가려움을 긁지 않아도 되겠다

여기저기 냉해를 입은 꽃눈이 혹한 너머 떨어진다
비릿한 딱지가 내려앉고 있다

협착의 헤게모니

뼈와 뼈 사이가 수상하다
경추의 1번과 5번이 밀착되고
요추의 3번과 4번이 뒤틀렸다
그래서 넓어진 건 통증, 다물어지지 않는 연속성
엉덩이는 의자와 협착하고
마감일은 나와 협착하는데
몸에 담긴 뼈와 말에 담긴 뼈가 서로 어긋나서
삐딱한 시선과 굴절된 자세를 도모한다
책상과 내가 분리되기까지
뼈가 중심이란 생각을 한 번도 못했는데
키보드 소리는 여전히 경쾌하고 문장들은 과장되기만 하고
어긋남은 순간이었다
되돌아보면 한쪽으로 치우친 건 언제나 나였고
오로지 솔직한 건 내 안의 그녀였다
움직이는 팔을 따라 마우스 줄을 따라 고이는 불협
예민해진 신경과 굳어진 근육 사이로
아픔이 비집고 들어와
지금 여기가 버겁게 흘러내렸다

무게중심이 무기력 쪽으로 기운다
사랑도 관계도 전부 불편하다
결심만 남아 있었다는 듯
처음부터 떠날 사람이 떠났다는 듯
연애에 관한 시는 끝내 완성을 거부했다
난 이제 누구와도 협착할 수 없는데
너 하나쯤 아무것도 아니라는 듯
절망이라는 단어가 재빨리 들러붙었다

명함의 공식

0.01밀리미터의 두께로 살아가는 이웃들
나는 낯선 공동체를 꿈꾸고 있어요

사각의 표정으로 명함을 주고받으며
위치와 신분이 노출되고 서로의 좌표가 확인되어도
친밀을 꿈꾸진 않아요

나는 좋은 근린입니까? 나에게 질문하죠
쉽게 대답하지 못하고 서성이다 보면 그리운 이름 하나
받기만 하고 줄 수 없던 장면이 떠올라요

어디서 통성명했을까 추론을 하다 보면
내 감정은 더 선명해져요
나의 기획이 조금씩 투명해질 때
관계와 관계가 명징해지고 가능과 불가능이 경계를 드러내죠

소속이 있다는 건 얼마나 아이러니한가요

구속과 간절함을 동시에 품고 있으니까요
월요일 오전 열 시, 텅 빈 공원 같은 기분이 들 때가 있어요

지갑에 두둑한 나의 명함은 늘 예측 불가능이었고
당신의 명함은 늘 구체화였죠

0.01밀리미터의 두께로 살아가는
낯익은 이웃들
나는 사각의 표정을 조금씩 버리고 있어요

제비나비에 대한 탐구

나는 탐색한다 시시때때로
그 꽃에 끌려다니는 것
끌려다니는 줄 알면서 끌려가는 것
탐색은 너를 향한 날갯짓이고
미세한 흔들림으로부터 시작을 예고한다

날개에 대한 기원을 초승달에게 묻는다
달은 말이 없고 은은한 무늬만 내려보낸다
더듬이와 날개에 대한 진화적 고찰은
신생대와 중생대 동굴에 대한 조사로 연결된다고 하는데
생물의 연대는 어떻게 감각할 수 있는가

나는 실체를 기다린다 은일함으로
같은 길을 왕복하는
파장의 반복은 음역과 같은 개념
의미들이 번식하는 자리에서 꿈틀대는 날갯짓
어깻죽지의 가려움이 논쟁을 불러오기도 한다

어느 순간 호접몽이 구성되면
대담한 필묘법으로 동일화가 완성된다
내가 발을 모으고 꽃 위에 앉아 있다
흠모하듯 향기에 취해 있는 내 모습을 부연 설명할 필요는
없다

긴장하고 경계하는 동안
치밀하지 못했던 존재 의의가 들썩거리기도 한다
나의 서식에 대한 가치는 잘 사려 넣었을까
날개 찢긴 파초에 앉아 나비의 이전과 이후를 가늠해 본다

수다론

수다를 던진다
수다는 수다로 끝나지 않는다
잘게 부서진 수다가 오후 세 시를 뒹군다

수다는 한순간 누군가를 밀어내고 들춰내기도 하지만
여전히 누군가를 그리워하고 그 속에서 헤어 나오지 못한다

거리는 수다로 이어지고 수다로 바글거린다
실체와 비실체가 뒤엉켰던 일
울분과 비판이 길바닥에 내동댕이쳐진 일

시간에도 모양이나 색깔이 있다면 수다를 닮았을 것이다

수다는 스스로를 무너뜨리기도 한다
수다는 가끔 무리에서 빠져나와
혼자만의 시간을 더 단단하게 만들기도 한다

어쩌면 수다는 나의 몸부림이거나

누군가를 이해하고 싶은 연민의 화법인지도 모른다
수다 속에서 조금씩 자비를 배우고 용서를 배운다

어느덧 수다가 노을 속에서 출렁거린다
오후 세 시의 수다가 오후 여섯 시까지도 출렁거리지 않으면 수다가 아니다
오랜 시간의 출렁거림은 수다의 생명력이다
그러므로 나도 수다를 거부하지 못한다

실적 그래프

게시판에 죽순처럼 솟은 막대그래프
식물성은 결코 아니에요

저 탁월한 기동력, 내게만 없어요

오늘 바닥을 이해하는 방법에 대해 설파해 볼까요
밑을 끝까지 보여주는 집요함에 놀란 척을 해볼까요

집합은 흔하고 비난은 더 흔하죠
바닥을 치는 오후
쓸데없이 중력은 나와 가까워요

때로 화살이 되기도 하고
때론 도미노가 되기도 하죠
나는 화살표에 매달리다가 도미노와 자주 타협하죠

막대를 세로로 이어붙이면
절벽 위 나만의 지점이 탄생하고

막대를 옆으로 이어붙이면
리듬을 타는 신명이 만들어져요

겹겹의 표식들 최고를 향해 치닫고 있어요
나는 그저 최선으로 나를 붙들 뿐,

제발 초록색으로 그래프를 그려주세요
검정색엔 숨 쉴 틈이 하나도 없어요

메르에르 증후군

어지럼증을 도려내지 못한 채
한 계절을 건너고 있어
지금 나의 중심이 내가 아니라는 것
내 안에서 누군가 나를 잡아채어 돌리고 있어
천장과 베란다와 아침과 저녁이
흘러내리는 생각과 끊어진 안부가 뱅뱅

어지러울 때는 나를 가만히 놓아두어야 해
의자에 내가 나를 묶어놓고 반성을 앉힌 것처럼
무엇을 반성해야 하는지 모른 채
안팎의 조언을 다 들어야 해

갑자기 귓속에서 물 흐르는 소리가 들렸어
줄줄 새고 있는 나를 듣고 있는 것 같아
흐물거리는 것, 말려 있는 것
젖어서 빠져나오는 기분

그런데도 오늘 꼭 출근을 해야 해

나에게 욜로나 워라밸은 먼나라 이웃나라 이야기니까
알약을 하나 더 삼키고
나만 모르는 방향으로 잘도 돌아가는
세상의 중심을 향해
엘리베이터 속으로 들어가고 있어

핀셋의 프레임

  무엇이든 집어내고 스스로를 옹호한다 달빛이 흐르는 모래밭에 도요새가 서 있다 나는 해변의 끝에서 새의 그림자를 본다 모래밭에 발자국이 생기는 순간 새가 날아갈 것 같아 나는 불안하다 해변에는 아직 감동이 없고 바다 밖에는 뚜렷함이 없는데 밀물과 썰물 사이만큼 닿을 수 없는 새와 나의 관계

  새의 세계에서 새는 우아하게 움직인다
  새는 나의 관음을 쪼아댄다 나에겐 이데올로기 따윈 없으므로 그저 살아 있음을 확인하는 중이다

  모래와 모래가 부딪치는 소리는 민감하다 새는 무심하지 않은 표정으로 나에게서 환상을 쏙 빼먹는다 나는 비로소 내 존재를 확인한다 믿기지 않겠지만 반짝반짝 빛나는 나의 껍데기, 그러나 새는 빈 것들엔 관심이 없다 새는 한 번도 껍데기 속 나의 표정을 지켜본 적 없다 뒤돌아보니 허무가 거대한 핀셋처럼 입을 쫙 벌리고 있다

소행성

 낮은 궤도로 떠돈다 화성과 목성 사이에서 빛을 보지 못했다 겨우 중층부로 올라왔지만 아직도 이름이 없다 대기권 밖으로 벗어날지 모르는 불안을 안고 밤낮으로 돌아야 했다 고도의 스트레스, 추락할 뻔한 하강의 기록, 역할에 충실했지만 이름 없이 사라질 수도 있다 비탄할 새도 없이 점점 자력을 잃어간다 독자적인 회복을 원하지만 잡음과 혼선이 생길 뿐 해석에 따라 달라지는 뒷모습 쓸모의 끝일까, 도태의 시작일까, 강렬한 눈빛으로 중단을 촉구할 때마다 노모의 얼굴이 떠오른다 아이들의 요청이 들려온다 먹구름을 다 흘려보내도 다시 먹구름 궤도 속에서 자꾸만 달아나려는 중력, 한순간 궤도를 이탈할지도 모른다 쓸모를 다한 것을 알지 못한다 아니 외면한다 숨죽인 낮과 밤을 품고 그는 지금도 표류하는 중이다

화이트칼라와 블루칼라 사이

불안이 뜨겁게 달구어진 하루의 시작
매일 아침 다리미 스팀을 누른다
안개가 피어오른다
잘못 기록된 이력처럼
같은 자리에 생겨난 구김을 편다
아무것도 끼어들지 못하게 압력을 가한다

적절한 온도가 넘으면 백색은 변질되고 블루는 탈색된다
나는 이 세계에 민감하게 반응하지 못하고
망사 시트도 준비하지 못했다
불편했던 일들이 마음속에 주름으로 꿈틀거린다
축 처진 어깻죽지에 잔주름이 뚜렷하다

제3의 색을 떠올린다
나는 파스텔톤을 좋아하지만 다른 색감을 찾는다
화이트에 머물면 비정규직
블루로 가면 저임금 노동자
주머니 속에 가득한 고민

라벤다 향 스프레이를 뿌리면 다른 아침이 올까

어느 쪽으로 가든 나는 어정쩡이다
어정쩡을 안고 다시 물류회사 창고에서 짐을 분류한다
불야성 속엔 나와 닮은 듯, 닮지 않은 사람들
불나방같이 모여 블루를 끝없이 증명하고 있다
바닥을 떠나고 싶은 바닥들

나는 후회를 생략하지 않았으므로
거침없음을 생략할 수도 없다
온기를 느끼며 매일 아침 점퍼를 입는다
서른두 살 내 색깔은 어디서 찾을까

포도송이의 방식

발아되는 식은땀의 맛
한겨울에도 날마다 포도송이만 가꾸고 있었지

줄기에 송이가 다 채워지고
완전한 보라색이 되면
포도밭으로 휴가를 가고 싶었지

막대그래프와 꺾은선그래프 대신
포도송이가 크고 작은 인격이 됐지
왜 역설로만 들렸을까
영업부 강 대리의 입에선 싱그러운 포도향이 나지 않았지
일 년 내내 시큼 떨떠름한 맛
경련을 일으키기도 하는 한밤중
포도의 단맛은 언제쯤 무르익을까?

한 알 한 알 채워나가면 판매왕이 되는 구조 속에서
계절과 상관없이
넝쿨은 마인드맵 방식으로 뻗어가고

이벤트처럼 포도송이가 맺히는 게시판

시든 포도잎처럼 늘어지던 아침, 바람과 햇살 말고도 무언가 부족하다는 걸 성찰했지
아무리 노력해도 일일 현황 목표는 채울 수 없어
그 사이에서 농익어 떨어져 나간 시간들

사무실은 폐허처럼 쓸쓸해지고
나는 반성문 같은 판매 계획서를 쓰고 있지
일몰이 지나가는 하늘마저 온통 보라색으로 다가오곤 했지

브레멘 음악대는 브레멘에 도착하지 않았다

   늙은 말이 골목에서 아이들의 환호성을 태우고 있다
   초췌해진 말은 얼마만큼 달리다 왔을까 고분고분 아침에서 저녁까지 순종했을 거야 경주마로 뛰다가 매몰차게 버려졌을 거야 아니, 헐값에 팔려왔겠지

   길고양이가 풀숲에서 쭈뼛거리며 고개를 내민다
   심심한 표정, 무언가 하고 싶은데 이 시점, 이 골목길에서 무엇을 할퀼 수 있을까
   흔한 바람조차 물어뜯을 수 없어
   물렁물렁, 시간 속에서 움츠리고 있다

   발가락이 빨간 비둘기, 친구 없이 걸어다닌다 날지도 못하고 뒤뚱거린다 밤이 되면 소스라치는 영역 다툼, 비상하지 못한 슬픔으로 말똥말똥 깨어난다

   브레멘에 가면 훌륭한 그룹에 들어갈 수 있을 거야
   지나간 명예를 다시 누릴 수 있을 거야
   늙은 말도, 길고양이도, 상처 입은 비둘기도 부러진 시간 위

를 또각또각 걸어간다

목청 좋은 울음소리 흉내 내고 겅중거리는 걸음
스스로가 스스로에게 전달하지 못하는 리듬이 있지만
기웃거리던 횟수가 조금씩 줄어든다

절뚝거리는 리듬으로 함께 뭉쳐진 음악대
굳이 브레멘에 도착하지 못해도, 발가락에 물집이 솟아도 좋아 끝없이 밀려오는 시멘트 회색 숲을 지나야 만날 수 있다는 브레멘
도착하지 못해도 좋아
길가 포차에서 흘러나오는 리듬에 맞춰 대원들과 함께 춤을 추는 거야

옮겨심기

한겨울에 치자나무를 꺾꽂이했다 상상이 향기처럼 부풀어 올랐고 가녀린 줄기를 손안에 감싸면 새순처럼 감정이 돋아 났다

흙을 다진다 손바닥에 닿던 밀어들, 밀도 높은 봄은 과연 나에게 올까

기왕 심는 김에 치자나무 옆에 나의 허무도 잘라 심는다 치자보다 더 빨리 쑥쑥 자란다

무성해진다 겹겹의 잎들이 말을 걸어온다
넌 여전히 앙상한 가지뿐이구나
허무를 덜어내려고 했는데 나는 더욱 쓸쓸해진다

내가 치자와 허무를 동시에 키우는 사이 나무에 진딧물이 번진다
화색을 잃은 몇 송이가 피어난다

무엇이든 방치하면 끝에는 탈이 나는 것일까
다년생 잡초 같은 허무
끝까지 나를 포기하지 않는
생명력 강한 허무
왜 나는 매년 지기만 하는 것일까

남은 몇 송이로부터 치자 향이 번진다
허무를 다시 내 심장 속으로 옮겨 심는다
병든 허무로부터 시 몇 편 건져 올리고 싶다

시럽과 각설탕 사이

나는 하우스 스타일을 주문하고
그는 콜롬비아 원두를 선택했지
케냐산 AA 30%, 에티오피아산 50%, 콜롬비아산 20%
그래도 20%는 같은 취향이라고
그가 너스레를 떨었지

그와의 사이에
시럽을 넣어야 할까 각설탕을 넣어야 할까
단맛에도 국경이 분명 있을 텐데
우리는 언제나 달달한 대화를 매듭지을 수 없었지
헤어지지 못하고 20%에 얽혀 있는 기분

내가 다른 나를 꿈꾸고 있다는 것
또 다른 나를 감당하는 것

달콤한 즙이 되거나 훼손되지 않는 표면이거나
같거나 다른 서로의 스타일
시럽과 각설탕만이 알고 있겠지

제4부

직박구리를 사랑하여

　오후 내내 책을 들고 직박구리 수다 속에 앉아 있다 창밖으로 생각이 덜컹거린다 나는 다음 페이지로 넘어가지 못하고 책장 밖으로 나가지도 못한다 직박구리의 속마음을 듣고 있으나 내 행동은 따라가지 못하고 굼뜬다 가끔 나도 바깥이 되고 싶거나 허공이 되고 싶은데 직박구리의 수다는 끈질기다 직박구리는 나를 추궁도 하고 달래기도 한다 그래도 난 거부할 수 없다 수다 속의 나는 수다 밖의 나와 다르다 모르는 척 웃어 주고 맞장구를 치지만 그 맞장구를 따라가지 못한다 맞장구에 묶여 있다 오히려 푹푹 앓고 있다 높지도 낮지도 않은 난간에 앉아 밖을 살핀다 여전히 직박구리의 목소리는 높고 읽어야 할 페이지는 늘어난다 직박구리가 나를 사랑한 것일까 내가 직박구리를 상상한 것일까 직박구리의 목청만큼 나는 쓸쓸하다

이를테면 고양이

불신이 내 앞에 고양이처럼 앉아 있다
관심을 끊을 수 없다는 듯 엉덩이를 땅에 대고 눈동자를 굴린다
나를 지켜주는 건지
나를 지켜보는 건지

내가 앉아 있는 쉬어뜨 헤어샵의 의자에도
커트나 펌에 대한 가격표에도
스타일을 고르는 샘플에서도 고양이 수염이 자란다

나는 A자형 단발은 싫어하고
U자형 단발도 지겨워서
미용사에게 불안을 맡긴다

거리낌 없이 머리카락을 싹둑싹둑 자르는 그녀
금방이라도 나를 할퀼 것 같은 가위질 소리
나는 불안을 멀리하려고
캣타워에서 경계태세를 취하는 고양이처럼

눈을 더 크게 뜬다

거울 속에서 여전히 나를 지켜보는 의식 속의 무의식
살아 있는 짐승처럼 기민하게 움직이는 것
고양이 발걸음처럼 소리 없이 다가오는 것

나도 모르는 내 기분을 마침내 전환할 수 있을까
거울 안과 밖에서 다르게 서성이는
불안을 닦아내지만 불신은 사라지지 않는다
끝까지 머릿속 악천후는 계속된다

공중에서 줄넘기

나를 가두고 나를 풀어준다
누군가를 풀어주고 누군가를 가둔다
가두기 위해서 포물선이 되었으나 저항에 부딪힌다
회전은 매일 계속되고
발돋움을 했으나 거리는 좁혀지지 않았고
아치형의 정점은 여전히 멀다

회전은 회전을 포기할 수 없어
줄에 걸려 넘어지거나 숭어처럼 물 밖으로 솟구친다
내 안에 갇혀 있는 그녀
회전을 안심할 수도 의심할 수도 없어
한쪽은 비문으로 남기고 한쪽은 미완성으로 접어둔다

노랑지빠귀 소리가 포물선의 능선을 따라 미끄러진다

나를 풀어주고 다시 나를 가둔다
단단히 가두기 위해 온몸을 펼친다
나는 불안하고 그녀는 유쾌하다

나를 뛰어넘지도 못하는 나
내 안에 엉켜 있는 불안이 제자리에서 뜀박질한다
결국 한 발자국도 벗어나지 못하고 나는 주저앉는다

내 문장들이 비틀거리며 다시 일어선다

사이프러스

엉거주춤이란 말은 어울리지 않아
앉은 듯 선 듯 오늘을 꽉 붙잡고 있습니다

표정을 감추고 자세를 고치고
기형의 피라미드 만들기를 반복합니다

바람 소리에 아랑곳없이 느슨하게 리듬을 탑니다

줄기를 줄기차게 밀어 올리는 힘
나무는 늘 의지의 키보다 높습니다

밤새 울고 난 새벽 무작정 걸어와 당도한 나무 아래
사춘기에 접어든 내가 서 있습니다
바늘잎 빼곡한 가지, 새의 울음이 내 어깨 위에 날아들었습니다

무슨 말을 하고 싶었을까요?
나무처럼 꺾이고 뒤틀리더라도 참으라는 말일까요

아니면 끝없이 뻗어가라는 말이었을까요

혼미해진 생각들
하마터면 새의 말로 대답할 뻔했습니다

나무를 껴안아 보았습니다
내 안에 살고 있던 불안한 짐승이 스르르 빠져나갔습니다

두부
― 물렁한 사랑

아득함이 느껴져요
물기 머금고도 웃을 수 있는 감정일까요?
한입 베어 물면
어제 발설한 나의 고백이 씹힐지도 몰라요

단단한 생각이 불려지기 전까지
땡볕 아래 마른 콩처럼 알알이 설렘으로 가득 찼어요

처음부터 물렁했던 건 아니었죠
모였다 흩어지고 흩어졌다 다시 모이는
응고된 마음이 필요했어요
긴히 사랑하는 법을 알고 싶어서
압축된 시간의 틀도 견디었어요

몽글거리는 생각은 밀어냈어요
끓어오르는 데 열중했어요

포화상태가 되었을 땐

거품을 걷어내고 간수를 넣어 뒤섞어 반듯함을 유지할 수 있었죠

백색의 완성,
견디어 온 시간들을 다져 넣었어요
두부를 입안에 넣고 눈을 감아보아요
태양과 달빛과 바람과 비의 생각들이 밀착되죠
콩콩 입안을 굴러다니고 있을 거예요

옥잠화

트럼펫을 불었다 바람의 리듬을 탔다
설렘이 점점 길죽하게 부풀었다

기울어져 가는 담벼락 아래에서 세상의 소리에 귀 기울였다
간혹 명지바람이 불면 어떤 꽃잎이 피어날까 돋음발을 했다
선망의 화음이나 리듬에 가까워지고 싶었다 가끔 움츠러들기도 했지만 내게 건너온 돌림노래를 삼키고 궁금증을 뱉어냈다

그 많은 기척 중에 왜 인기척은 없는 걸까
바람을 머금은 역동적인 합주
잠자리도 뱀도 개구리도 모두 오고 갔지만 그녀만은 오지 않았다

그 집은 오래전 빈집
슬픔의 방향을 달리 하려고 나를 가꾸었다
기척들을 거부하지 않았고
여름마다 안간힘을 쓰며 꽃을 피워냈다

꽝꽝나무의 오후

 산그늘 사이에 앉아 있는 어머니를 보면 내 속의 뿌리가 욱신거린다 저렇게 지난날이 꼬불꼬불하지 않았다면 스스로 주저앉지는 않았을 것이다

 식어가는 그림자를 바람이 밀고 나가는 동안 잔가지들은 내내 전율한다 폭염에 통증이 있고 몇 겹으로 구부러진 채 깨달음에 닿아 있는 노승 하나 만난다

 통증을 안으로 다스리기만 했던 저 가지들, 속으로 어머니의 눈물이 보이고 그 안에 소리가 와자지껄하다 허리를 펴지 못하고 불편하게 앉아 있는 등걸 같은 어머니를 이제 휠체어에 태워야 할 시간이다

커블 체어

구부러진 자세는 그냥 넘길 수 없어
커브가 커브를 끌어안고 있지
앉거나 서거나 나는 등의 자세가 아니라
생각의 자세만을 떠올리곤 했지
그나마 의자의 의지는 융통성이 있었어
바뀔 수 있다는 나의 착각
의자가 의자를 들어 올리는 것처럼
마음을 들어 올리려고 하루 종일 텔레마케팅을 했지
열 번 전화하면 한두 번쯤 받곤 했는데
통화의 길이는 겨우 2초뿐
가끔 2분 이상 통화를 하는 사람도 있어
아마 외로운 사람일 거야
계약이나 계획과 상관없이 우연히 만난 지인처럼
너는 나와 그 사람을 이해할 수 없겠지
아침에 한번, 오후에 한번, 기분에 따라
날 선 소리를 해대는 사람들
나에게, 실력 없는 나에게 주저리주저리 이야기하면
난 얌전한 청취자가 되어 협착 관계를 떠올리지

서로의 힘줄이 맞닿으면 생겨나는 마찰음
생각이 포개어지지 않는
의자와 의자 사이 생겨나는 상처나 탈색들
커브란 오래오래 구부러져 온 기록 같은 것일까
이젠 나만의 기록을 바꾸어야만 할 것 같아
월화수목금 내내 직립의 기분을 맛보고 싶으니까

알고리즘

세탁기의 거름망이 찢어졌다
남겨야 할 것과 빠져나가는 것을 구분할 줄 아는 시스템 앞에서
먼지 묻은 옷처럼 당황한 오전
나는 때때로 섞여 돌아가길 좋아하지만
나의 거름망은 자주 비우지 못했다

내가 모르는 사이에 자리 잡은 방심이거나 방치한 것들
떨어져 나가지 않는 말이거나 넘치는 표정
찌꺼기가 되거나 보풀로 남아
걸러지지 않는 날들이 있다

불평이 돋아나고
불만이 번져가고
얽히고 꼬인 것들이 늘어났다

이것은 나에게만 보이는 복선
품고 있으면 응어리가 되고 빠져나가면 얼룩이 된다

먼지가 먼지를 녹일 수 없듯
오지랖은 오지랖에 붙어 허옇게 피고
보풀로 일어난 감정들
나만의 세탁법으로 나를 헹구려 한다

베란다 밖엔 또 다른 거름망이 있다

메이저 16번 타워카드

타워에 불꽃이 인다
번개가 치고 고층의 창문에서 회색 연기가 솟는다
내가 거꾸로 떨어지며 비명을 지르고
카드를 뽑은 당신의 눈도
어안이 벙벙한 채 공중에 떠 있다

그것이 상징이나 비유가 될 때
우리는 자주 무너짐에 대해 대화를 했다
변화가 필요한 당신과 내가
활활 타오르는 불꽃과
퍼져가는 회색 연기 속을 통과해야 했다

지금껏 쌓아 올린 타워의 이력
벽돌 하나하나에 불안이 암시되어 있었다
탄성을 지르며 우리는 우리의 창문을 즐겼는데
안쪽에선 균열이 뿌리내리고 있었다

불이 나도 우리는 뛰어내리지 말자

혼돈에 빠지기 전에
형체가 무너지기 전에
차라리 여기서 죽자, 농담처럼 말하곤 했는데
황급히 뛰어내리려는 당신이 보였다
(그래도 떨어지고 있을 뿐 다 떨어진 건 아니잖아)
비행으로 해석하면 그만이야
내가 소리쳤지만
당신은 파국을 믿는 중이었다(그걸 원했던 것처럼)

카드를 뽑기 전에
우리가 가졌던 기분은 다시 탑이 될 수 없었다

별이 빛나는 밤* 앞에서

언제부터 잠을 못 자는 증상이 나타났나요? 가장 두려웠던 순간은 언제인가요? 잊고 싶은 것은 무엇인가요?

그중에서 제일 선명한 건?

몸과 마음이 동시에 아플 때는 낮인가요, 밤인가요?

하늘바라기를 하루에 몇 번이나 했습니까? 산책을 할 땐 사람을 보나요?

꽃을 보나요? 아니면 새를 보나요?

새를 본다면 날개를 보나요? 심장을 보나요? 아님 날아가는 방향을 보나요?

선생님 저는 지극히 정상입니다

빈센트 노랑을 온종일 되풀이합니다

밝은 노랑과 어두운 노랑 사이

밤과 잘 어울리는 노랑을 믿는 건(이별을 계산하지 않기 때문입니다)

내 심장 속으로 쏟아지는 별들의 목소리를 듣는 일(목소리가 들리지 않습니까)

그것은 착각도 아니고 착란도 아닙니다
불면과 불멸과 불만은 아주 다릅니다
별이 빛나는 밤보다 낮을 사랑하는 중입니다

―――――
*빈센트 반 고흐 그림 〈별이 빛나는 밤〉.

접경, 그리고 벙커

나는 은폐되었다 이 요새엔 어둠이 가득하다 어둠이 나를 방호하고 둘러섰다
엄폐된 나는 웅그리고 있다

모자만 보인다 모자 속에 표정이 묻혔다
모서리 벽들이, 평면의 벽들이 다각형이 한 가지 색으로 물든다
어제와 비슷한 생각, 비슷한 감정으로 서 있다

지금껏 내가 구축한 것들, 무너지지 않고 끌어안을 수 있었던 것들, 갑자기 공습 앞에 놓여 있다

또 다른 나를 초접경 구역에서 바라보는 일, 나의 적은 나였으므로 나를 탐색한다

제3의 지역에서 제3의 능동자들이 의자에 앉아 있다 꽃과 곁가지들이 폭발한다

프레임 안에서 색들이 너울거린다 꽃 속에서 쓰러져 흐느낀다 화약 냄새는 진동하지 않는다

맞은편 벽 너머를 상상한다
희미하게 소리가 살아난다 소리 쪽으로 기울어진다

어둠을 밀어내고 내가 거꾸로 간다 밀린다 저기 백뼉을 멘 중심에 서 있는 어둠, 나를 닮았다

어둠이 나를 짓누르기도 하지만 나는 즐겨야 한다 무너지기를 기다리는 일은 무모하다
마침내 나를 닮은 어둠 속에 스며든다
내 안에 사상과 종교와 정치는 하나도 없고
생존만 있다

물조리개

나의 환상은
기울기의 변화

잎들의 마음 살랑이게 할 수 있을까
누군가의 목마름 적실 수 있을까

누군가의 발아를 위해
넓게 퍼지는 너의 기울기

고래의 분수
네 손에도 꽃이 피겠지

그 손길 아래
고래의 가슴지느러미처럼 팔랑거리는 잎새들

가슴에 물보라를 일으키겠지

해설

분열자의 고독한 내면

신상조(문학평론가)

 일찍이 가라타니 고진은 내면적 인간의 고독한 내면을 설명하기 위해 '풍경의 발견'이란 개념을 내세운 바 있다. 고진은 돗포의 소설 「잊을 수 없는 사람들」의 주인공을 빌려 논지를 전개한다. 소설의 주인공은 어떤 작은 섬을 끼고 지나는 배 위에서 건너편의 뭍을 바라보고 있다. 이때 그는 "쓸쓸한 섬 그늘의 작은 갯벌에서 조개를 줍는" 사람을 발견한다. 훗날, 이 장면을 회상하는 주인공의 내면은 이러하다. "오늘 같은 날, 밤이 깊어 홀로 등불을 향해 앉아 있으면 인생의 고독을 느껴 참을 수 없을 정도의 슬픈 감정이 밀려오는 것을 느낀다." 돗포 소설의 인물은 몹시 침잠된 상태다. 인물의 고백은 계속된다. "그때 북받치듯 내 마음속에 떠오르는 것이 바로 이러한 사람들이다. 아니, 이러한 사람들을 보았을 때의 주위 풍경 속에 있는 사람들이다. 나와 이 사람들이 무슨 차이가 있나. 모두 이 세상 한구석에 태어나 유구한 행로를 거쳐, 서로 손잡고 영원한 하늘로 돌아갈 사람들이 아닌가."

고진이 주목한 것은 주인공이 조개를 줍고 있는 남자를 '인간'이 아닌 풍경으로 보고 있다는 사실이다. 갯벌의 풍경을 되짚으며 유한한 인생 일반을 떠올리는 돗포 소설의 인물을 놓고 고진은 다음과 같이 이야기한다. "여기에는 '풍경'이 고독하고 내면적인 상태와 긴밀하게 연결되어 있다는 것이 잘 나타나 있다. 다시 말하면 주위의 외적인 것에 무관심한 '내적 인간(inner man)'에 의해 처음으로 풍경이 발견되고 있다. 풍경은 오히려 '외부'를 보지 않는 자에 의해 발견된 것이다."

나무 아래 자기 주검을 묻고 바람 소리 새소리와 함께 잠들고 싶은 이의 내면을 상상하며 장서영의 시를 읽었다. "내가 죽은 날이 되면/나를 호명하는 사람이 남아 있을 때까지 그리움의 방향을 도시 쪽으로 뻗는다"(「수목장」)라는 화자의 고백이 아파서, 그의 고독한 내면을 상상하는 일은 또 그만큼 힘겨웠다. 장서영의 시는 주체의 내면이 흔히 풍경을 매개로 드러난다. 시인은 「하귤의 힘」에서 "익을 대로 익은 생각을 품고 태양 아래서 바다를 뚫어지게 바라보며 우두커니가 되어 있었다"라고 들려준다. 여기서 인물이 마주한 풍경은 우리가 그의 내면을 엿볼 계기를 마련해 준다. 이때 외부의 풍경은 주체의 기억과 인식을 맥락화하면서 내면을 되비치는 거울로 기능한다.

일본 근대문학의 '고독한 내면'을 발견하는 순간이자 문학에서의 '풍경'이 관념으로서의 틀을 벗어버리게 만드는 고진의 해석은 장서영의 시에서도 유효하다. "오리나무 숲에서부터 강물까지 뻗어갔을 몽환들"이라는 '시인의 말'에서 짐작되듯, 그의 시에서 시적 주체는 오리나무 숲이나 강물과 같은 풍경-혹은 풍경 속의 인물들-을 자주 마주하지만, 이 '내적 인간'이 실제로 응시하는 것은 외부의 풍경이 아니라 다름 아닌 자기 자신의 고독한 내면이다. 시집의 서시에 해당하는 「열여덟 살의 질문」은 풍경 앞에서 자기가 누구인지를 질문하는 장서영 시의 내면이 출발하는 지점이다.

> 나사말을 아니?
>
> 열여덟 살의 봄, 친구가 능청스레 물었습니다. 물속에서 흐물거리는 춤이었습니다. 스스로 물 위까지 뻗어가서 흐름이 된 풀, 넌 나사말을 닮았어. 침묵이 흘렀습니다. 가슴 밑바닥에 뭉근하게 늦은 생각이 한소끔 뿌리를 내렸습니다. 문득 가늘고 긴 나선형으로 꼬여 있는 느낌, 나는 왜 누군가를 향해 자꾸 흔들리고 있었을까요.
>
> 지금도 물가에 앉으면 그 말이 생각납니다. 끝없이 여

유롭게 흐느적거리며 물과 자연스럽게 살 부비는 관능, 그
자세를 다 풀어놓고 얘기하고 싶어도 다가가지 못한 나,
반대로 끝까지 밀고 올라가 꽃을 피우던 나사말. 누군가
를 향해 방추형의 씨앗까지 품고 있었는데도 나의 생각은
끝내 거기에 닿지 않았습니다. 만약 한없이 뻗어갔다면
우리라는 꽃을 피울 수 있었을까요.

―「열여덟 살의 질문」 전문

  나사말은 연못이나 하천, 흐름이 느린 강가의 물속에서 자라는 침수성 여러해살이풀이다. 누군가 자기한테 그런 나사말을 닮았다고 한다면 기분이 어떨까? 물속에서 "흐물거리"며 춤추는 것 같은 나사말의 모습이 먼저 눈에 띄었으리라. 친구로부터 그 말을 들은 화자가 '잠시' 침묵했다는 데서 받은 충격을 짐작할 수는 있지만, "가슴 밑바닥에 뭉근하게" 뿌리를 내렸다는 화자의 뒤늦은 생각이 정확히 어떤 건지는 알 수 없다. 화자는 느린 물살에 흐느적거리는 풀의 모습과 "누군가를 향해 자꾸 흔들리고 있"는 자신을 동일시한다. 그런데 "끝없이 여유롭게 흐느적거리며 물과 자연스럽게 살 부비는 관능"을 가진 나사말과는 달리, 화자는 자신이 "가늘고 긴 나선형으로 꼬여 있는 느낌"을 받는다. 화자의 자아상(自我像)이 그리 긍정적이지 않음을 짐작할 수 있는 대목이다. 장서영의 시에서 꼬임은 "불평이 돋아나고/불만이 번져가"면서 결국

"얽히고 꼬인 것들이 늘어"(「알고리즘」)나는 나쁜 관계성을 비유하기 때문이다. 누군가와 "얘기하고 싶어도 다가가지 못"했다는 화자의 고백은 관계 맺기에 서툰 부정적 자기 인식을 뒷받침한다. "만약 한없이 뻗어갔다면 우리라는 꽃을 피울 수 있었을까요."라고 자문하지만, 장서영 시의 화자는 "친밀을 꿈꾸진 않"는다. 이는 화자의 바람과 현실 사이의 괴리에서 비롯한다. "사각의 표정으로 명함을 주고받으며/위치와 신분이 노출되고 서로의 좌표가 확인되어도" 이웃들은 고작 "0.01밀리미터의 두께"로 살아갈 뿐이어서, 그가 그리는 "낯선 공동체"(「명함의 공식」)는 불가능한 꿈이다. 타인과의 관계에 성공적이지 못한 화자와는 반대로, 나사말은 "끝까지 밀고 올라가 꽃을 피"운다. "지금도 물가에 앉으면 그 말이 생각"난다는 화자는, "우리라는 꽃을 피"우기에 부족했던 자신의 소극적이고 방어적인 성격을 여전히 자책하고 있는지도 모르겠다. 열여덟 살에 받았던 친구의 '질문'이 '너는 나사말과 같은 아이야.'라는 그의 생각을 강조하기 위해서라면, 현재 나사말 앞에 앉은 화자는 자신이 나사말과 같은 존재임을 아직도 확신할 수 없어서 자꾸만 질문을 던지는 사람이다.

  자기를 타자화하는 주체는 분열된 주체로서 객체화한 자기를 탐색하는 관찰자가 되기 쉽다. "거울 속에서 여전히 나를 지켜보는 의식 속의 무의식/살아 있는 짐승처럼 기민하게 움직이는 것/고양이 발걸음처럼 소리 없이 다가오는 것"(「이를

테면 고양이」)은 자기를 관찰하는 '내 안의 타자'다. 다음으로 읽을 「관찰자의 기분」은 풍경을 앞에 둔 채 자신의 정체성을 더듬는 화자의 내면이 잘 드러나는 작품이다. 그러나 화자는 자신을 알고 싶다기보다 감추기 위한 노력에 골몰하는 편이다.

    호수는 비공개적인 깊이를 갖고 있지
    무언가 담고 싶어, 숨기고 싶어서
    팔랑거리는 이파리와 빛줄기를 끌어모으지
    당신이 당신을 기다리고 있는 것처럼

    호수는 제 속내가 너무 넓어서
    포괄적인 둘레와 입장을 선호하지

    비 오는 날의 호숫가는 서성이는 발걸음이 범람했지
    가르륵거리는 웃음소리와 아장거리는 발자국이 전지적 작가 시점으로 다가오고
    대나무숲과 미술관 근처, 수양벚나무 아래도
    쓰다듬고 싶은 태도가 자랐지
    회복하고 싶은 감성과 함께

    출렁거리지 않는 캄캄한 물의 안쪽

겉은 그저 암시일 뿐이라는 듯
거울처럼 다가온 풍경과 사물들을 보여주기만 했지

나는 호수를 아는 척하지만
둘레와 수심을 반도 모르고 수심(愁心)만을 들켰지
당신은 또 다른 관찰자가 되어 물속으로 들어가는 당신
을 상상하지

호수는 슬픔에 대한 비공개적인 목록을 갖고 있었지
─「관찰자의 기분」 전문

  화자는 비 오는 날의 호숫가에 서 있다. 대나무숲과 미술관이 근처에 자리한 호숫가에는 수양벚나무가 자라 있고, "서성이는 발걸음이 범람"하고 "가르륵거리는 웃음소리와 아장거리는 발자국이 전지적 작가 시점으로 다가"온다는 걸로 봐서 가족들과 함께 나들이를 나온 착하고 다정한 사람들로 붐비는 호숫가 풍경을 쉬 떠올리게 만든다.
  전지적 시점으로 바라보는 호수와 달리, 일인칭의 시점으로 바라보는 호수는 앞서의 풍경과는 딴판이다. 호수가 "팔랑거리는 이파리와 빛줄기를 끌어모으"는 이유는 사람들의 시선을 표면에만 묶어둠으로써 물속에 "무언가 담고 싶어, 숨기고 싶어서"이다. 과연 시에서의 호수는 "거울처럼 다가온 풍경과 사물들을 보여주기만" 하는 풍경으로서의 표면과, "슬픔에 대한 비공개적인 목록"을 가진 이면으로 정확히 대비된다. 사람들 눈에 비치는 호수의 바깥은 "그저 암시일 뿐"이다. "출렁거리지 않는 캄캄한 물의 안쪽"은 보이지도 않거니와, 그 "비공개적인 깊이를" 짐작할 방법은 없다. 그렇다면 호수가 물의 안쪽을 드러내지 않으려 이파리와 빗줄기를 끌어모으듯, "당신이 당신을 기다리고 있"는 이유도 '당신'의 안은 숨기고 허상인 바깥만을 드러내려는 노력임이 분명하다.

  이 시는 '비공개적 깊이'로 시작해서 '비공개적 목록'으로 마무리하는 수미상관의 구성을 취하고 있다. 반복은 호수의 깊이와 슬픔이 '비공개적'이라는 점을 강조한다. "무언가 담고 싶어, 숨기고 싶어서" 오히려 "포괄적인 둘레와 입장을 선호"한다는 이 인격화된 호수는 화자의 내면을 표상한다. "물속으로 들어가는 당신을 상상"하는 일은 호수의 내면으로 들어간다는 의미로도 여겨지지만, 자살을 영 배제할 수만은 없다는 점에서 화자의 내면은 끝 모를 깊이와 짙은 어둠으로 다가온다.

  호수가 안과 바깥으로 분열하듯, 시에서의 시점 또한 분열되어 있다. 우선 호수를 바라보는 일인칭 '나'의 시점이 있다. 그런데 시에는 또 하나의 시점. 즉 "당신은 또 다른 관찰자가 되어 물속으로 들어가는 당신을 상상"한다는 이인칭의 시점이 존재한다. 일인칭의 '나'는 호수와 당신을 바라보고 있고, 이인칭 화자가 말 건네는 '당신'은 물속으로 들어가는 분열된

'당신'을 바라보는 것이다. 더군다나 "나는 호수를 아는 척하지만/둘레와 수심을 반도 모르고 수심(愁心)만을 들켰"다는 '나'의 고백은 수심(水深)과 수심(愁心)이 똑같이 발음되는 유희적 성격으로 말미암아 일인칭의 화자를 호수와 혼동하게 하는 효과를 불러일으킨다.

안과 밖으로 대조되거나 다양한 인칭으로 분열하는 화자의 모습은 시집 여러 곳에서 발견된다. 가령 화자는 하귤의 껍질처럼 두꺼운 표정과 젤리처럼 말랑말랑한 내면의 상반된 모습을 하고 있다. "하귤(夏橘)의 두꺼운 껍질처럼 그녀의 표정은 몇 번이고 단단해졌고 집요한 태풍에도 꺾이지 않던 어떤 생각이 가끔 굴러떨어지기도 했는데 그녀는 그것만은 닮으려 하지 않았다"(「하귤의 힘」)라거나, "수십 년 전부터 내 몸속에 쌓인 젤리의 근육, 젤리의 세포/혈관 벽마다 젤리가 붙어 꿈틀거리고 젤리의 동굴을 이루었을 거예요 젤리 기둥, 젤리 석순도 생겨나겠죠 흐느낌이 고였다가 쓸쓸함이 곤죽을 이루다가 우리의 착각처럼 뭉쳤다 풀어지며 녹고 있을 테죠"(「안녕, 젤리」)라는 고백은 보이는 화자의 표정 뒤에 숨겨진 연약한 내면을 생각게 한다. 단단한 하귤의 껍질이 화자의 표정이자 호수의 표면이라면, 젤리의 말랑말랑함은 감추고 싶은 그의 내면, 즉 깊이와 슬픔에 닿아 있는 호수의 수심이라는 의심이 드는 것이다.

귀를 가져가 보면 물 흐르는 소리 자작자작한 수목원
화살나무, 오리나무, 자작나무…… 따라가 보면
어느새 나는 나무의 슬하
나무를 껴안는다
허락을 구하고 나무속으로 들어간다
비좁지 않다
층간소음도 담배 냄새도 없다
살림살이는 단 하나, 나무속에 내 이야기를 부려 놓는다
새집이지만 새집증후군은 없다
이제 월요일마다 표정을 만들려고 애쓰지 않아도 되고
일요일엔 쓸쓸해지지 않아도 된다
사색 없는 사색이 이어진다 무한히 내가 넓어진다
바람 소리와 새소리와 잎이 부딪는 소리가 리듬을 떨군다
북적이던 세상에 매 순간 예민해졌던 조바심을 버리고
지독하게 불안하거나 고독했던 나는
이제 다정도, 통증도 없이
나 혼자 지워지고 무언가로 피어나길 기다린다
희미해지거나 흩어지는 기억들이 밀려나고
가까워진 것들이 신생의 얼굴을 내민다

그래도 가끔 내가 죽은 날이 되면
나를 호명하는 사람이 남아 있을 때까지 그리움의 방향

을 도시 쪽으로 뻗는다

—「수목장」 전문

　죽어야만 자신의 진정한 표정을 찾을 수 있고("이제 월요일마다 표정을 만들려고 애쓰지 않아도 되고"), 사는 동안의 일요일이 매일매일 쓸쓸하다면("일요일엔 쓸쓸해지지 않아도 된다") 그는 "지독하게 불안하거나 고독"한 삶을 살아가는 사람임이 확실하다. 나무를 관 삼아 자기의 죽음을 상상하는 화자라면 더욱 그러하다. 「수목장」의 화자와 "나무를 껴안아 보았습니다/내 안에 살고 있던 불안한 짐승이 스르르 빠져나갔습니다"라고 안도하는 「사이프러스」의 화자는 반복적인 상(像)으로 겹친다. 나무를 매개로, 시는 불안을 껴안고 살아가는 주체를 우회적으로 드러낸다.

　장서영 시의 주체는 "불안은 또 다른 불안을 데리고 왔다/불안을 떨치려고 자주 흥얼거렸다"라며 "불협화음"(「허밍에 대한 안부」)에 불과했던 자신의 '허밍'을 변명한다. 불안한 자는 세계로부터 몸을 숨기거나 애써 만든 표정으로 자신을 은폐함으로써 방어를 꾀하기 마련이다. "나는 은폐되었다 이 요새엔 어둠이 가득하다 어둠이 나를 방호하고 둘러섰다/엄폐된 나는 옹그리고 있다"(「접경, 그리고 벙커」)라는 고백은 결코 과장이 아니다. "자신을 걸어 잠그고 결핍을 끌어안고 사는"(「손바닥선인장」) 손바닥선인장의 모습은 저러한 주체를 표상한다.

  화자는 "밀폐와 은폐를 반복하는 일상 속"에서 "밖으로 나와도 여전히 위리안치"의 상황을 고집하거나, "아무도 몰래 외출을 잠"금으로써 스스로 유폐를 선택한다. "쏟아진다와 덮어버린다는 비슷한 목적을 갖고 있다/나뭇가지에 엄살이 하얗게 얼어붙어/어찌 보면 농밀하고/어찌 보면 폐쇄적인 유대감"을 가진다는 시선은 어떠한가. 함박눈처럼 쏟아내는 '수다'야말로 속마음을 들키지 않으려는 침묵의 기술임을 폭로하는 화자의 어조는 냉소적이기까지 하다. 이러한 때의 화자는 "또다시 1인칭 시점으로 젖어"(「함박눈의 시그널」)드는데, 자기 고백적인 화자와 타인의 눈에 비치는 화자가 상반되며 드러나는 자아의 분열 양상은 장서영 시의 주제를 구성하는 중심축이다. 예컨대 "되돌아보면 한쪽으로 치우친 건 언제나 나였고/오로지 솔직한 건 내 안의 그녀였다"(「협착의 헤게모니」)는 고백에서 '나'와 '그녀'는 분열된 주체로, "나를 가두고 나를 풀어"(「공중에서 줄넘기」)주는 이중성의 고통을 숨긴 채 살아가는 장서영 시의 주체를 단적으로 보여준다.

    나를 가두고 나를 풀어준다
    누군가를 풀어주고 누군가를 가둔다
    가두기 위해서 포물선이 되었으나 저항에 부딪힌다
    회전은 매일 계속되고

발돋움을 했으나 거리는 좁혀지지 않았고
아치형의 정점은 여전히 멀다

회전은 회전을 포기할 수 없어
줄에 걸려 넘어지거나 숭어처럼 물 밖으로 솟구친다
내 안에 갇혀 있는 그녀
회전을 안심할 수도 의심할 수도 없어
한쪽은 비문으로 남기고 한쪽은 미완성으로 접어둔다

노랑지빠귀 소리가 포물선의 능선을 따라 미끄러진다

나를 풀어주고 다시 나를 가둔다
단단히 가두기 위해 온몸을 펼친다
나는 불안하고 그녀는 유쾌하다

나를 뛰어넘지도 못하는 나
내 안에 엉켜 있는 불안이 제자리에서 뜀박질한다
결국 한 발자국도 벗어나지 못하고 나는 주저앉는다

내 문장들이 비틀거리며 다시 일어선다
—「공중에서 줄넘기」 전문

누군가를 가두기 위해 줄을 회전시키며 깔깔거리는 주체와 물 밖으로 솟구치는 숭어처럼 제자리뜀기를 하는 주체는 하나다. "수다는 스스로를 무너뜨"릴 뿐이라며 숨음을 선택하는 주체와 "수다 속에서 조금씩 자비를 배우고 용서를 배"(「수다론」)우며 자기를 노출하는 주체가 하나이듯, 줄에 걸려 넘어지지 않으려 안간힘을 쓰며 불안해하는 '그녀'는 '나'의 안에 갇혀 있고 "나를 풀어주고 다시 나를 가"두는 유쾌한 '나'는 갇힐까 불안해하는 '그녀'다. 줄은 '나'이자 '그녀'이고, 결국 "나를 뛰어넘지도 못하는 나"는 '누군가'를 가두려는 '줄'이다.

'나'와 '그녀'와 '줄'은 가두면서 벗어나려 하는 모순적이고 이중적인 존재다. 모순된 이중성은 자기답게 살아가지 못해 정체성에 혼란을 겪거나 일상에서 자기의 본래 모습을 은폐하려 안간힘을 쓰다 마침내 자기를 상실한 자의 열패감에서 기인한다. 그런즉 "한쪽은 비문으로 남기고 한쪽은 미완성으로 접어둔" 문장은 숨음과 은폐의 다른 이름이다.

장서영 시집 『시럽과 각설탕 사이』는 예민한 표정 뒤의 고통스러운 내면으로 요약된다. 주체의 내면은 범람하는 갈등 위에 떠 있는 나뭇잎처럼 약하고 위태롭다. 끊임없이 나를 풀어주려는 충동은 다시 나를 가두는 누추한 실존의 확인이어서, 고요한 표정 뒤에 감춰진 내면은 제자리에서 뜀박질하다 주저앉고 마는 줄넘기 선수처럼 거친 호흡으로 가득하다. 이는 존재의 자기 극복이 매우 지난함을 암시한다. 그렇더라도

"비틀거리며 다시 일어"서려는 시의 문장이 민낯의 자기 전시를 의미할 리는 만무하다. 상투적인 관계와 소통을 거부하는 장서영의 시를 통해 우리는 분열된 한 내적 인간의 고독하고 치열한 내면을 발견한다. 다시 보니 타자에게 보이려 꾸민 표정의 내가 불안한 웃음을 웃고 있다. "달콤한" 시럽이기를 거부하며 "훼손되지 않"(「시럽과 각설탕 사이」)은 각설탕을 꿈꾸는 '나', 바로 우리의 얼굴이다.

시인동네 시인선 242

시럽과 각설탕 사이
ⓒ 장서영

초판 1쇄 인쇄	2024년 11월 4일
초판 1쇄 발행	2024년 11월 11일
지은이	장서영
펴낸이	김석봉
디자인	헤이존
펴낸곳	문학의전당
출판등록	제448-251002012000043호
주소	충북 단양군 적성면 도곡파랑로 178
전화	043-421-1977
전자우편	sbpoem@naver.com

ISBN 979-11-5896-670-6 03810

*이 책의 판권은 지은이와 문학의전당에 있습니다.
*양측의 서면 동의 없는 무단 전재 및 복제를 금합니다.
*잘못 만들어진 책은 바꿔드립니다.